CHANTS ET CHANSONS

de

POURCEAUGNAC II

Propriété de l'Auteur,

E. de Fontaubert.

CHANTS

ET

CHANSONS

DE

Pourceaugnac II

LIMOGES
IMPRIMERIE Vᵛᵉ H. DUCOURTIEUX, LIBR.-ÉDITEUR
RUE DES ARÈNES
—
1869

(C.)

A MA FEMME

~~~~~~

A MES ENFANTS

~~~~~~

A MA FAMILLE

~~~~~~

A MES AMIS

~~~~~~

Mesdames,

Messieurs,

Ah bah! vous écriez-vous.

Un descendant de Pourceaugnac, chansonnier!

Mais tout est renversé!

La terre ne tourne plus autour du soleil; la queue de la prochaine comète va nous incendier! Les fleuves vont remonter à leur source!

Toutes les lois de la nature sont donc changées! Bien certainement la fin du monde est prochaine. Grand Dieu! n'ai-je pas entendu les trompettes du jugement dernier?

Moment de profonde stupéfaction!

Puis un sourire fin et malicieux se dessine sur vos lèvres roses, Mesdames, et un franc rire épanouit votre figure, Messieurs.

VIII

Eh bien! oui... je suis descendant de Pourceaugnac et je suis poète.

Pardon... je suis bien sûr d'être de la famille des Pourceaugnac, mais je ne suis pas certain d'être poète. Ma foi, cependant, ce serait possible. La nature est parfois si excentrique et si bizarre.

Mais, me direz-vous, pourquoi donc avoir choisi un nom pareil?

Mon Dieu, la raison en est bien simple. Si je n'avais mis que mon nom, personne n'aurait songé à me lire, tandis que ce titre burlesque produira son effet en excitant la curiosité.

Pourquoi Alcibiade a-t-il fait couper la queue à son chien?

Maintenant que le coup de caisse a été frappé, je n'entends nullement garder l'anonyme.

Je m'appelle Émile de Fontaubert, né à Limoges, patrie des Pourceaugnac, actuellement notaire à Eymoutiers (Haute-Vienne).

Oui, j'habite la petite ville!!

La connaissez-vous la petite ville?... Non...

Je vous en fais mon compliment bien sincère.

Dieu vous préserve des vipères, des chiens enragés, du choléra, de la peste et... de la petite ville.

Ah! voilà donc votre curiosité satisfaite. Je suis notaire et chansonnier... En voilà deux professions qui font rarement commerce d'amitié. Bah! il n'est pas de règle sans exception.

J'ai essayé d'atteindre un but moral. Le rôle du poète n'est pas seulement d'égayer ou d'émouvoir; sa mission la plus noble est celle de moraliser les masses.

Lisez mes poésies Dieu, — *aux Athées*, — et je m'estimerai heureux si j'ai pu convaincre quelques esprits indrédules.

J'accepterai avec reconnaissance les critiques que les journaux voudront bien faire de mes poésies. Je saurai bien bon gré aux journalistes de m'envoyer les numéros qui contiendront ces critiques.

Elles me serviront de leçons pour l'avenir.

X

Et maintenant, allez, mes chères poésies, — et que Dieu vous protége.

Vous êtes mes filles bien-aimées.

Comme je vous ai choyées et caressées ! Je ne voyais que vos qualités et glissais bien volontiers sur vos défauts.

Vous étiez près de moi comme les petits oiseaux dans le nid maternel.

Aujourd'hui, prenez votre essor... Allez subir les caprices, les indifférences et les haines.

J'espère cependant que vous rencontrerez parfois des mains amies qui sèmeront quelques fleurs sur votre chemin.

Adieu, mes poésies ! Adieu, filles de la montagne, du soleil et de la liberté !

Vous n'avez pas le luxe de la ville. Vous portez quelquefois jupon court ; mais votre sein est chastement couvert. Vous n'êtes pas maquillées... non... vous avez les fraîches couleurs de la jeunesse et de la santé.

Vos dents blanches sont bien à vous. Vous avez

un cœur qui palpite, des yeux brillants et purs. Vous n'êtes pas des filles impudiques ; vous êtes honnêtes.

Adieu encore, filles de mon cœur, filles de mes rêves.

Et maintenant, à la grâce de Dieu.

Veuillez agréer,
Mesdames,
l'expression de mes hommages les plus empressés et les plus sympathiques.

Et vous, Messieurs,
l'assurance de mes meilleurs sentiments.

Émile DE FONTAUBERT,
Membre de l'Union des Poètes.

P. S. — J'ai composé la musique de la plupart de ces chants : *la Mort et la Vie*, — *Jean qui pleure et Jean qui rit*, — *Tout et rien*, — *le Jour du Mariage*, — *le Champagne*, — *France et Pologne*, — *le Prodigue*, — *Viens*, — *le Juif-Errant*, — *le Ruisseau*, — *Hop!* — *la Valse*, — *Printemps*, — *Zut au choléra!* — *le Sauveteur*,

— ma Pipe, — la Feuille morte, — le Ver, — la Terre, — le Mot de Waterloo, — Cigarette et Étudiante, — la Pieuvre, — l'Hypocrite, — le Moineau, — Premier Soupir, — Dieu, — l'Espérance.

Si la poésie réussit, je vous promets bientôt la musique.

Je tiens à la disposition des éditeurs de Paris et de la province les exemplaires qu'ils désireront.

Je suis prêt à communiquer mes compositions musicales aux éditeurs de musique qui désireraient les connaître.

Je livre à la publicité quelques poésies seulement, à titre d'essai. Si, contre mon attente, je viens à réussir, j'en promets bientôt d'autres.

DIEU

*Cantate domino canticum novum,
Quia mirabilia fecit.*

DIEU ! mystère infini, colossale puissance !
DIEU ! dont le souffle ardent, de ce chaos immense
Fit jaillir les soleils, les astres et les cieux,
Formant dans l'étendue un tout harmonieux,
DIEU bon... DIEU tout amour... DIEU créateur suprême !
DIEU sans commencement, sans fin, que la mort même
Avec sa froide main ne saurait effleurer...
Humblement devant Toi je veux me prosterner.

Notre terre emportée à travers les espaces
Tourbillonne sans cesse... Et sans laisser de traces
Son vol vertigineux s'accomplit chaque jour,
Nous donnant la lumière et la nuit tour à tour.
Et sous le doigt de Dieu tous ces astres sans nombre,
Dans l'espace lancés, se meuvent sans encombre,
Sans jamais dévier, sans se froisser jamais...
Mortels, réfléchissez !... C'est Dieu qui les a faits.

L'éternelle science a formé tous les mondes ;
Mais l'éternel amour, de leurs courses profondes
Limite les élans... Cet amour, c'est le Tien.
Des mondes infinis le guide et le soutien,
A chacun dans l'éther tu traças sa carrière,
Sans qu'aucun d'eux jamais franchisse la barrière
Que tu leur imposas par ta divine loi
Immuable à jamais et grande comme Toi.

Oh! oui, prosternons-nous, pauvres grains de poussière.
Mon Dieu, que sommes-nous dans la nature entière ?
Des atômes, des riens devant l'immensité,
Des voyageurs d'un jour devant l'éternité.
Bien petits par le corps, nous sommes grands par l'âme,
Étincelle divine et rayonnante flamme.
Devant ce Dieu si grand, mortels prosternons-nous ;
Adorons et prions... prions à deux genoux.

Avec ses bras de fer la mort frappe et déchire.
Que de proies il lui faut pour son horrible empire !
La matière est broyée en son hideux baiser ;
Mais l'âme ne meurt pas... Elle doit s'envoler
Et remonter à Dieu, qui la créa si belle.
« Puisqu'elle vient de moi, qu'elle soit immortelle, »
A dit le Tout-Puissant... Périsse donc le corps...
Mais l'âme est éternelle... Elle brave la mort.

FRANCE ET POLOGNE

France, à moi !... Je succombe !
A moi !... Je vais mourir !...
Vois... Béante est ma tombe !
Elle va m'engloutir.

Le colosse du Nord m'étreint et me dévore.
J'ai bien longtemps souffert ! Faut-il souffrir encore :
A moi ! Mourawieff, ce vampire énervant,
Sur moi s'est abattu pour sucer tout mon sang.
Il promène partout la mort et le carnage ;
Il ne respecte rien, ni le sexe ni l'âge :
Femmes, enfants, vieillards, par lui sont immolés ;
Les Polonais bientôt seront tous égorgés.

France...

France, réveille-toi... C'est ta sœur qui t'appelle.
On veut l'anéantir... Pitié, pitié pour elle !
Le sang de mes enfants s'est répandu pour toi ;
L'heure vient de sonner... A ton tour, venge-moi.

Viens... viens... ne tarde pas... Le doux nom de patrie
Doit vibrer dans ton cœur. Au secours!! La Russie
Enfonce dans mon sein ses serres de vautour,
Et la faux de la mort me frappe chaque jour.

    France...

Ah! tu peux me sauver!... Fais briller ton épée.
Ne te souvient-il plus des gloires de Crimée?
Alma, Sébastopol, Malakoff, Inkerman,
Portent du nom français le souvenir sanglant,
A moi, Napoléon, noble élu de la France!
Toi seul peux terminer ma honte et ma souffrance!
Tu sauvas l'Italien... sauve le Polonais...
Fils de la liberté, ne viendras-tu jamais?

    France...

LA MORT ET LA VIE

LA MORT.

Je suis la mort... Venez à moi...
Venez, les souffrants de la terre;
Je ne puis inspirer l'effroi;
Je guéris douleur et misère.

LA VIE.

Que me veux-tu, fantôme noir?
Va-t-en!... Tu troublerais mes fêtes.
Ton cortége est le désespoir,
Et ta faux fait courber nos têtes.

LA MORT.

Eh! que me font tes oripeaux,
Tes yeux brillants et ta folie?
Avec toi naissent tous les maux
Et les misères, triste vie.

LA VIE.

Tu mens... Je donne le bonheur !
Je ris... Je plais à la jeunesse ;
L'enfant m'aime de tout son cœur,
Et je souris à la vieillesse.

LA MORT.

Mon empire est silencieux ;
Chez toi tout n'est que vains mirages.
Aux humains je montre les cieux ;
Garde les fous... A moi les sages !

LA VIE.

J'y consens... Les fous sont à moi !
Peu de sages voudront te suivre.
Dans le tombeau retire-toi ;
Hideuse mort, laisse-nous vivre.

LA MORT.

Mon cercueil est large et profond.
Viens... Toutes deux il nous réclame.
Viens... viens... Dans un bonheur sans fond
Nageront ton corps et ton âme.

LA VIE.

Tu m'entraînes... Il faut mourir !
Déjà la force m'abandonne !
Je meurs !!! Mais je vois resplendir
L'éternité que Dieu nous donne.

LE SAUVETEUR

Les mâts sont brisés!... Le navire
Craque et gémit... Tout est horreur.
La mer rugit, en son délire,
Étreint sa proie avec fureur.
Dans ses insondables abîmes,
Dans ses gouffres les plus hideux,
Elle va rouler ses victimes
Se tordant en des cris affreux.

    Lorsque l'orage
    Étend sa rage,
    Le sauveteur
    Plein de courage,
    Sur les flots nage
    Avec ardeur.

La mer bouillonne, écume et bave.
Il faut lutter avec la mort...
Le voyez-vous?... Sans crainte il brave
Les flots qu'il fend avec effort.

Son élément, c'est la tempête ;
Il connaît la foudre et l'éclair.
Tout tremble et mugit sur sa tête,
Lui seul est calme sur la mer.

    Lorsque...

Dans un frêle esquif il s'avance
Vers le vaisseau qui va périr ;
Il vient apporter l'espérance
Aux marins près de s'engloutir.
C'est lui qui lutte avec l'abîme
Grouillant de monstres inconnus.
C'est lui ! C'est lui !... Sa voix ranime
Tous les passagers éperdus.

    Lorsque...

Il a sauvé de la ruine
Le bâtiment près de sombrer.
Son œil généreux s'illumine ;
Il a conjuré le danger.
Autour de lui chacun se presse,
Serre ses mains avec transport.
Plus d'effroi... Tout est allégresse !
Le navire a touché le port.

    Lorsque...

Ah ! son sort est digne d'envie !
Chantons cet homme au cœur d'airain
Qui noblement donne sa vie
Sans calculer le lendemain.
Avec amour Dieu le contemple...
C'est qu'il comprend la charité.
Le sauveteur nous sert d'exemple :
Aimons... aimons l'humanité.

Lorsque...

JEANNE D'ARC

Sus aux Anglais! la France va périr!
Sus aux Anglais! il faut vaincre ou mourir.

Dans un lâche repos, un homme... un roi de France,
Languissait... se livrant à de folles amours.
Un long cri de douleur et de désespérance
S'élevait dans les airs... Et comme des vautours,
Les Anglais se ruaient sur les fils de la Gaule
Dont le sang bouillonnait de rage et de fureur.
Oh! réveillez-vous donc! Ce peuple qu'on immole,
Il tressaille toujours... Voyez battre son cœur.

Sus...

Vos femmes, vos enfants... seront-ils donc la proie
D'un infâme étranger?... Allons, levez-vous tous!
Entendez-vous ses chants de triomphe et de joie?
Étouffez-les ces chants, émus d'un saint courroux.

C'est du fer qu'il vous faut... C'est du sang... Pas de larmes !
Précipitez-vous tous dans un noble transport.
N'êtes-vous plus Français ?... Ah ! vous avez des armes !
Être esclaves !!... Jamais... Plutôt cent fois la mort.

    Sus...

Et la France râlait !... Mais Dieu veillait sur elle.
Il fallait un miracle émanant du Très-Haut.
Une fille inspirée, une simple pucelle,
Se leva tout à coup pour chasser le ribaud.
Bien faible était son corps... mais grande était son âme
La main du Tout-Puissant sur elle s'étendait,
La voix de Dieu donnait une brûlante flamme
A la vierge des champs qui jadis s'ignorait.

    Sus...

Voyez !... Un noble espoir dans son regard rayonne...
La bergère devient un guerrier frémissant ;
Son glaive resplendit... Sa voix éclate et tonne ;
Elle inocule à tous son courage brûlant.
Elle chasse partout les hordes étonnées
Des Anglais agités d'un effroi délirant ;
Elle consacre un roi... Fait naître des armées...
Le pays est sauvé par la main d'une enfant.

    Sus...

Français, qu'avez-vous fait de cette noble fille ?
Ah ! vous l'abandonnez dans les mains d'un Anglais !

Elle quitta pour vous ses champs et sa famille,
Pour vous sauver, ingrats!... Ah! rougissez, Français.
Au sommet du bûcher Jeanne disait encore
Dans un dernier soupir exhalé de son cœur :
« O France, je t'aimais... O France, je t'adore!
» Je meurs! Mais j'ai sauvé ta gloire et ton honneur. »

Sus aux Anglais! *la vierge va périr!*
Sus aux Anglais! il faut vaincre ou mourir.

LA TERRE

De la mort naît la vie.

Aux prés tu donnes la verdure,
Aux fleurs, leurs parfums, leurs couleurs,
Aux brises du soir leur murmure,
Au printemps, ses mille senteurs.
D'un gland tu fais sortir un chêne ;
Par toi le blé devient moisson.
Ton sein fertilise la graine
Qui va jaillir en floraison.

A nous tous, mère nourricière,
Tu fournis le pain quotidien ;
Dans un ineffable mystère,
Tu fais un tout avec un rien.
L'homme à coups de fer te déchire,
Te tourne et retourne cent fois ;
Et toi... bonne et douce martyre,
A tous ses besoins tu pourvois.

Lorsque les humains, de la vie
Ont épuisé joie et douleur,
Ils vont dans une autre patrie
Trouver le calme et le bonheur.
Leur âme s'élance immortelle
Aux régions de l'infini.
Tu prends leur corps... Mais l'étincelle
Est à Dieu, quand tout est fini.

O pauvre mère désolée,
Qui pleures sur ton enfant mort,
Que le malheur rend affolée,
Sous la terre ton enfant dort...
Écoute bien... Sa voix murmure :
« Sèche tes pleurs... ranime-toi ;
» Mère... en un monde où tout s'épure,
» Je vais t'emporter avec moi.

» Près de Dieu, d'un amour immense,
» Éternel, nous vivrons toujours.
» Oh ! j'ai souffert de ta souffrance !
» J'ai bu tes pleurs les nuits... les jours !...
» Je te voyais avec mon âme...
» Et ne pouvais te caresser !...
» Nos deux cœurs ne font qu'une flamme...
» Viens dans les cieux nous embrasser. »

LE MOT DE WATERLOO

Waterloo ! Waterloo !... L'armée agonisait !
De nos soldats géants le sang à flots coulait !
Infâme trahison, ah ! ton venin immonde
Avait porté ses fruits !... La maîtresse du monde,
La France avait perdu ses plus nobles enfants.
Pêle-mêle entassés, les morts et les mourants
Formaient une montagne horrible, pantelante,
Par soubresauts humains devenant vacillante.

Seuls debout, l'œil ardent, dédaigneux de la mort,
Quelques soldats français luttaient malgré le sort.
C'étaient de vieux grognards à la figure austère,
Attendant le trépas sans crainte et sans colère.
Ils étaient enserrés dans un cercle de fer
Frémissant, animé, houleux comme la mer.
Cambrone commandait... et, d'une voix sonore,
Criait : Feu ! mes amis... Feu ! criait-il encore.

Mille contre un !... Qu'importe !... Ils combattent toujours !
Les Anglais étonnés veulent sauver leurs jours.
« Rendez-vous, dit leur chef, nous vous donnons la vie,
» Rendez-vous, grenadiers, ah ! je vous en convie. »
Alors devint sublime un mot sale, ordurier,
Qui bondit palpitant d'une bouche d'acier.
Que ce grand souvenir non jamais ne se perde !
Ils allaient tous mourir !... Cambrone cria : ..... (1)

---

(1) Je n'écris pas le mot, quoiqu'il soit magnifique dans une circonstance pareille... Le chanteur, si la musique paraît, pourra le prononcer s'il pense que le public l'accueille favorablement, ou remplacer ce mot par celui-ci : *Non*. La rime n'y sera plus ; mais aucune oreille délicate ne sera froissée.

LA FEMME

Fleur ou fumier.

La femme est fleur du bien... la femme est fleur du mal.
Le centre des vertus, ou le centre des crimes.
L'une fera d'un homme un être bestial...
L'autre, pleine d'amour, de dévoûments sublimes,
Indique au bien-aimé le sentier de l'honneur.
Oui... la femme bénie est un ange sur terre :
Mais est-il un moment de calme et de bonheur
Pour la prostituée et la femme adultère ?

Dans des plaisirs ardents elles passent leurs jours...
C'est qu'il faut étouffer et cœur et conscience.
Dans quelle frénésie elles vivent toujours!
Mentir... duper.. voilà leur unique science.

Tous les bons sentiments en elles sont détruits ;
Leurs cœurs sont maquillés tout comme leurs visages.
O prostitution !! Quels infâmes produits!
De hontes, de dégoûts ; quels affreux assemblages !

Quel chaste intérieur tout de joie et de paix !...
La mère à son enfant présente sa mamelle.
Quel sourire enchanteur ! Oh ! tableau plein d'attraits!
Lui, doucement ému, lui... se penche vers elle,
Qui prodigue ses soins à cet être charmant
Si faible et si petit en entrant dans la vie.
Comme ils l'aiment tous deux, leur amour... leur enfant,
Ce groupe bienheureux... qu'il est digne d'envie !

Ils partageront tout, les bonheurs, les revers ;
Leurs deux cœurs confondus ne font qu'une seule âme.
Ils connaîtront tous deux les breuvages amers ;
A la coupe de miel s'étanchera leur flamme.
Et quand la mort viendra les emporter tous deux,
Sans crainte et sans remords ils quitteront ce monde ;
L'un sur l'autre appuyés, heureux ou malheureux,
Ils auront vécu purs loin de la fange immonde.

AUX ATHÉES

Souvent le cœur broyé, pantelant, se déchire,
Lorsqu'un homme a souffert ce que l'on peut souffrir,
Que tout s'acharne à lui, tout semble le maudire,
Qu'il voit hideux, béant, l'abîme s'entr'ouvrir,
Il s'écrie haletant : « Hélas ! tout est mensonge ;
» Pour moi n'est plus d'espoir... Adieu, bonheur, adieu !
» L'amour et l'amitié s'envolent comme un songe.
» Que je souffre ! Pitié ! Mon Dieu ! mon Dieu ! mon Dieu ! »

O vous qui reniez la puissance divine,
Qui pensez que le monde est le fruit du hasard,
Qui ne voyez partout qu'une immense machine
S'agitant bêtement... Quel système bâtard
Venez-vous proclamer ?... Cette grandeur écrase
Vos corps et vos esprits... Arrière votre orgueil !
Vous, athées !... vous mentez... Un Dieu seul est la base
Des mondes infinis... Sans lui tout n'est que deuil.

Avez-vous des enfants?... Aimez-vous votre mère ?
Avez-vous savouré l'amour et ses douceurs?
Avez-vous des amis? Aimez-vous votre père?
De ces amours si grands nirez-vous les splendeurs?
Ah! ne pensez-vous pas que ces amours immenses,
Se fondant en un seul, sublime, immatériel,
Revivront dans les cieux purs de toutes souffrances,
Ennoblis, éthérés, auprès de l'Éternel?

Vous, athées!! vous mentez... Sondez donc bien votre âme
L'étincelle de Dieu se trouve aussi chez vous...
Vous ne pouvez ainsi cracher sur cette flamme
Qui palpite en vos cœurs... Ah! prosternez-vous tous.
Dieu seul est bon... est grand... Il vous aime... il pardonne.
Priez avec ferveur, et vous aurez la foi ;
Et quand la mort viendra, si tout vous abandonne,
Vous redirez : « Mon Dieu ! » vous mourrez sans effroi.

LA PIEUVRE

La voyez-vous la pieuvre qui s'avance ?
Du fond des mers elle monte vers vous.
Voyez son corps hideux qui se balance...
Fuyez!... fuyez!... Évitez son courroux.

Gardez-vous bien... Cette loque sans forme,
Ce corps traînant par les flots soulevé,
Comme l'éclair, rapide se transforme ;
Ce corps gluant soudain s'est relevé.
Dans le repos, cet horrible vampire
Peut inspirer le dégoût, non l'effroi ;
Mais s'il s'élance, il saisit, il aspire
Le malheureux qu'il étreint plein d'émoi.
    La voyez-vous...

Ses bras visqueux sont une horrible chaîne,
Molle, gluante, et cependant de fer.
Sans se presser, le monstre se promène,
Traînant sa proie aux bas fonds de la mer.
Tout doucement il boit de sa victime
Le sang vermeil dont il va se gonfler.
Dans ses baisers affreux il la comprime !
Il en jouit avant de l'étouffer.

    La voyez-vous…

Et son œil rond se pose sur sa proie
Fixe, implacable, haineux, aigu, mordant.
Dans les transports d'une cruelle joie,
Elle fascine un être palpitant.
Et quand la pieuvre à souhait s'est gorgée,
Qu'entre ses bras ne reste plus qu'un mort,
Elle accomplit sa dernière nagée :
Sur un cadavre elle vit… et s'endort.

    La voyez-vous…

LE VER

Le voyez-vous ce ver immonde
Au corps gluant et visqueux?
Ce ver... il est le roi du monde,
D'un royaume ténébreux.

Réfléchissez, grands de la terre !
Les beaux jours sont bientôt passés.
Adorateurs de la matière,
Vieillards, aux sens, aux cœurs glacés,
La mort, de sa fétide haleine,
Va souffler sur vos corps transis.
Réfléchissez!... C'est bien la peine
De se créer tant de soucis.

  Le voyez-vous...

Le ver épanchera sa bave
Sur vous tous que remplit l'orgueil.

Rien ne l'arrête et ne l'entrave ;
Il percera chaque cercueil,
Qu'il soit de bois blanc ou de chêne,
Qu'il soit simple ou bien couvert d'or.
Le ver en vainqueur se promène ;
Pensez-y bien... Pensez encor.

    Le voyez-vous...

Il mordra sur tous les visages,
Jeunes et beaux, flétris et vieux :
Il mordra sur les fous, les sages,
Dans le tombeau silencieux.
Cet être repoussant... infime,
Ce ver... c'est le grand niveleur !
Sur tous ceux que le souffle anime
Il passera comme un vainqueur.

    Le voyez-vous...

CATACLYSME

Tonnerre... éclate... Éclate et gronde !
Terre... rugis ! Ciel... ouvre-toi !
Sur les débris de ce vieux monde
Que tout s'engloutisse avec moi.

Que les éléments en furie
Se brisent à travers les airs !
Que sans amour, sans harmonie,
Tout se heurte dans l'univers.

Que le chaos partout se fasse !
Que les soleils ne brillent plus !
Que tout s'abîme et se fracasse
Avec les mondes confondus !

Dans ces horreurs de la nature
La matière disparaîtra.
Malgré toi, folle créature,
L'âme vivra... Dieu restera.

LE JUIF-ERRANT

Dix-neuf siècles passés dans l'opprobre et la honte
Ont roulé sur ma tête... Et comme un flot qui monte,
Ta colère, ô mon Dieu, sur moi s'appesantit !
L'anathême me frappe et tous les jours grandit !
Pardon !... pardon, mon Dieu... Pitié pour ma détresse.
Hélas ! chacun me fuit, m'insulte et me délaisse !
Je suis errant, maudit !... C'est trop longtemps souffrir.
Pardonne-moi, mon Dieu... Que je voudrais mourir !

Seigneur, je me repens... Je confesse mon crime...
Je suis souillé du sang d'une sainte victime,
De ton fils bien-aimé qui vint pour nous sauver,
Qui mourut sur la croix voulant nous racheter,
Je prosterne mon front... Je le frappe avec rage ;
Je demande à genoux pardon de mon outrage.
Je suis errant, maudit !... C'est trop longtemps souffrir.
Pardonne-moi, mon Dieu... Que je voudrais mourir !

Comme un serpent de feu l'éclair court sur la nue...
Tout éclate et rugit dans l'immense étendue.
La terre a tressailli jusqu'en ses profondeurs,
Des éléments confus réflétant les horreurs !
Et la voix du Très-Haut, tonnant avec la foudre,
Dit au Juif haletant qu'elle réduit en poudre :
« Mon fils a pardonné... Jésus veut oublier ;
» Meurs, Juif, en attendant le jugement dernier. »

L'ESPÉRANCE

Je t'invoque, douce espérance,
Vierge au front pur et radieux.
Viens... donne un baume à la souffrance :
Vole vers nous du haut des cieux.

    Vois cette pauvre mère
    Auprès de son enfant ;
    De froid et de misère
    Elle tremble en pleurant.
    Ah! couvre de ton aile
    Leur triste nudité !
    Espoir, douce hirondelle,
    Fais luire une clarté.

Je t'invoque...

La mer est noire et sombre!
La foudre et les éclairs
Ont sillonné dans l'ombre
Les liquides déserts.
L'esquif, dans une trombe,
Tournoie en bondissant...
Les marins voient leur tombe
S'ouvrir en mugissant.

Ils t'invoquent, douce espérance,
Vierge au front pur et radieux.
Ah! donne un baume à leur souffrance!
Vole vers eux du haut des cieux.

Il défend sa patrie...
Et par le fer atteint,
Le soldat sent la vie
S'échapper de son sein!
Il pense à son vieux père,
Aux beaux jours d'autrefois,
Dit le nom de sa mère
Pour la dernière fois.

Il t'invoque, douce espérance,
Vierge au front pur et radieux.
Ah! donne un baume à sa souffrance,
Vole vers lui du haut des cieux.

Dans la lutte du monde,
A travers les écueils,
Quelle douleur profonde!
Que de pleurs et de deuils!
L'amour n'est qu'un vain songe,
L'amitié nous trahit.
Pour nous tout est mensonge!
Mais l'espérance luit.

Nous t'invoquons, douce espérance,
Vierge au front pur et radieux.
Viens... donne un baume à la souffrance!
Vole vers nous du haut des cieux.

LE JEU

Horrible passion!... Oh! fille de l'enfer!
Amère émotion! Terrible, affreux cancer,
Sois maudite à jamais... Va-t'en, reine des crimes;
Croupis dans les bas fonds. C'est assez de victimes.

    Je veux imprimer sur ton front
    Le stigmate de l'infamie;
    Je veux dans un gouffre profond
    Te plonger, fléau de la vie.
    Mon Dieu, prête-moi des accents
    Qui répondent à ma pensée.
    Courez mes vers, pressés, ardents.
    Ecoute-moi, foule affolée.

Horrible...

Quel est ce cancer? C'est le jeu
Qui rabaisse et flétrit notre âme.
Toujours notre honneur sert d'enjeu,
Quand la passion nous enflamme.
De joueur on devient fripon;
Oui... c'est la pente naturelle.
En nous s'infiltre le poison;
Le feu suit de près l'étincelle.

Horrible...

Le jeu mord au cœur pour toujours.
Sur le jeu crions anathême.
Il nous étreint les nuits, les jours
Lorsqu'il montre sa face blême.
Adieu tous nobles sentiments;
Il flétrit le cœur, le visage;
Et nous sentons dans tous nos sens
Bouillonner frénésie et rage.

Horrible...

Le jeu nous tue ou nous flétrit;
Le travail nourrit et féconde,
Avec le jeu tout s'engloutit;
Le travail est le roi du monde.
Que ton sourire est venimeux,
O jeu!... Tu donnes le délire,
Oui, travailler, c'est être heureux;
Jouer, c'est subir le martyre.

Horrible...

TOUT ET RIEN

LA JEUNESSE

Jeunesse, âge charmant, au cœur plein de délire,
Où l'on chante l'amour, aux accords d'une lyre
Dont les cordes toujours semblent devoir vibrer,
Que faut-il pour ta joie ?... Une fleur, un baiser...
Une voix qui tout bas te dise : oui, je t'aime...
L'univers est à toi... Ton bonheur est extrême.
Alors ces riens sont TOUT; c'est le suprême bien;
Plus tard, hélas! plus tard, ce ne sera plus RIEN.

LA FAMILLE

Maison, douce maison, abri de la famille,
Où l'on trouve au retour les baisers de sa fille
Et de petits lutins l'accueil vif et bruyant,
D'un ange bien-aimé le sourire charmant,

La main de ses amis et le cœur d'une mère,
Où l'on retrouve enfin le bonheur de la terre,
Dis-moi : n'es-tu pas TOUT?... Oui, pour l'homme de bien
Mais pour le débauché, maison, tu n'es plus RIEN.

LA COURTISANE

Beautés qui, pour de l'or, prodiguez vos caresses,
Démons, aux yeux charmants, aux ongles de tigresses,
Qui dans un gouffre impur, sans cesse renaissant,
Engloutissez l'honneur, la jeunesse et l'argent
De tant de pauvres fous... Allez... on vous méprise...
Votre luxe insolent dans ce siècle est de mise...
Vampires!... Aujourd'hui, TOUT pour vous... c'est très bien,
Demain vous vieillirez et ne serez plus RIEN.

LA CHARITÉ

Charité, qu'as-tu donc? Ton visage est austère...
— Oui, je remonte aux cieux... J'abandonne la terre.
Le riche, de son or, calcule la valenr,
Non pas pour ses plaisirs, mais bien pour le malheur.
— Tiens, charité, prends donc... Tiens... voilà mon aumône ;
Je te donne bien peu... Mais de bon cœur je donne.
Je partage avec toi. — J'accepte... c'est très bien.
Donner de cœur, c'est TOUT ; par orgueil, ce n'est RIEN.

HOP!

En avant!... dévorons l'espace.
Vole et bondis, mon noir coursier.
Hop! hop!... sois digne de ta race,
Mon Ébène aux jarrets d'acier.
Plus rapide que la tempête,
Tu franchis les monts, les torrents.
Plus vite encore, ma noble bête!
Je veux des bons extravagants.

Hop! hop! voici venir l'orage.
Allons, fils ailé du désert!
Il écoute... Et d'un bond sauvage
Se précipite en fendant l'air.

Et dans sa course, sa crinière
Se tord aux caprices du vent.
Hop! hop! Dans des flots de poussière,
Il disparaît en se jouant.

Hop! hop! hop!... Encor plus rapide,
S'élance le coursier fougueux.
Garde à toi, cavalier!... Le vide
Est là béant..., Là... sous tes yeux!
Hop! hop! hop! hop!... comme une trombe,
Arrive le cheval poudreux...
Et l'abîme leur sert de tombe
En les engloutissant tous deux.

L'ÉCHAFAUD

L'échafaud, dans les airs, dresse ses bras hideux
Et le couteau fatal, horrible, monstrueux,
Froid comme le destin, dans son calme implacable,
Semble se recueillir... Le coup irréparable
Retentira bientôt... Déjà la froide mort
Veille sur l'échafaud !! Dans un affreux transport,
Elle va savourer le sang de la victime.
Ah! tuer froidement.. mon Dieu, serait-ce un crime ?

Tremblant, les traits hagards, il se traîne abêti,
La tête ballotant et le corps abruti.
Il regarde, éperdu, cette rouge machine
Qui semble s'animer, l'étreint et le fascine.
Il arrive brisé, déjà mort, pantelant!
La planche a fait bascule!! Un éclair foudroyant
A lui!!! sous le couteau, une tête sanglante
A roulé!!! Quelle mort!... ô foule haletante!

Si pour vous préserver, il faut ce coup brutal,
Plus féroce cent fois qu'un tigre et qu'un chacal,
Qui rejette en deux parts et le tronc et la tête,
Ne conviez jamais à cette triste fête
Les femmes, les enfants!... cachez donc cette horreur
Du sang qui va jaillir et soulève le cœur ;
Frappez les criminels dans l'ombre et le silence...
Ayez de la pudeur... sinon de la clémence.

HAINE

Vous tous qui distillez le venin et le fiel,
Qui sous un air béat, un sourire de miel,
Dissimulez la rage et la haine ; — vipères
Qui rampez et mordez, dont les pâles colères
Bavent sur la vertu, la loyauté, l'honneur,
Etres pétris de boue et suintant l'impudeur,
Lâches qui poignardez dans l'ombre et le silence,
Démons!.. Soyez maudits!! Le châtiment s'avance.

Que des songes hideux troublent votre sommeil!
Et qu'à vos nuits succède un horrible réveil!
Et si vos cœurs flétris peuvent aimer encore,
Que ceux que vous aimez meurent à leur aurore;
Que l'eau, l'air et le feu, que le ciel en courroux,
Que tous les éléments se déchaînent sur vous.
Infâmes... Puissiez-vous, à votre heure dernière,
Mourir abandonnés de la nature entière.

Que nul ne vous console et ne ferme vos yeux
Et qu'à jamais pour vous se soient voilés les cieux.
Que vos corps infectés tombent en pourriture,
Qu'à des loups affamés ils servent de pâture.
Que vos restes ne soient qu'un dégoûtant lambeau,
Que la terre en courroux vous refuse un tombeau.
Dans des gouffres sans fond que vos âmes errantes
Pendant l'éternité se heurtent haletantes!!...

JEAN QUI PLEURE & JEAN QUI RIT

Je suis Jean qui pleure!
— Il est Jean qui pleure!
— Il est Jean qui rit!
— Je suis Jean qui rit,

Que tout m'est insipide!
Que l'existence est vide!
Toujours boire et manger,
Se coucher, se lever!
Toujours mêmes visages
Et mêmes bavardages!
Que ne puis-je mourir,
Ou bien toujours dormir!

Je suis Jean qui pleure!
— Il est Jean qui pleure!
— Il est Jean qui rit!
— Je suis Jean qui rit.

Ma foi, rien ne m'étonne ;
Qu'il vente ou bien qu'il tonne,
Tout marche pour le mieux.
D'un rien je suis heureux ;
Manger, n'est pas si bête,
Boire, c'est une fête ;
Mourir, est un malheur ;
Dormir, est un bonheur.

Il est Jean qui pleure !
— Je suis Jean qui pleure !
— Je suis Jean qui rit.
— Il est Jean qui rit !

Mon épouse est hargneuse
Et boudeuse et quinteuse.
J'ai des enfants méchants
Comme de vrais serpents.
Chacun à son tour braille
Comme un moine en ripaille ;
Je n'y puis plus tenir ;
Oh ! Je veux en finir !

Je suis Jean qui pleure !
— Il est Jean qui pleure !
— Il est Jean qui rit !
— Je suis Jean qui rit.

Que ma femme est mignonne
La charmante pouponne !
De ce sexe enchanteur
Vient tout notre bonheur.
L'enfant que je caresse
Sera de ma vieillesse
Le plus ferme soutien ;
Ici bas tout est bien.

Il est Jean qui pleure !
— Je suis Jean qui pleure !
— Je suis Jean qui rit.
— Il est Jean qui rit !

Plus d'amitié sur terre !
Diras-tu le contraire ?
L'égoïsme, ma foi,
A chacun sert de loi.
Partout la médisance,
Ou bien l'indifférence !
Que le monde est méchant,
Amer et dégoûtant !

Je suis Jean qui pleure !
— Il est Jean qui pleure !
— Il est Jean qui rit !
— Je suis Jean qui rit.

Allons donc, mon bonhomme,
Si l'on rencontre un homme
Quinteux, bête et hargneux,
On plaint ce malheureux.
Mais si quelqu'un nous blesse,
Un autre nous caresse.
Vois-tu, pour deux méchants,
Il est cent bons enfants.

Plus de Jean qui pleure !
Plus de Jean qui pleure !
Vive Jean qui rit ;
Vive Jean qui rit.

LE PRODIGUE

Vive le vin, vivent les femmes,
    Vivent les ris !
A bas les grands faiseurs de drames ;
    Moi, je m'en ris.
Fi des honneurs, fi de la gloire !
    Ils sont trop vieux.
Toujours aimer, chanter et boire,
    N'est-ce pas mieux ?

Vive la joie et la folie !
    Chantons.
Au diable la mélancolie !
    Buvons.

J'ai de l'or.. Allons donc.. Qu'il roule !
    Le temps est court.
Pourquoi se torturer la boule ?
    La mort accourt.
Ma foi, quand viendra la camarde,
    J'aurai joui.

Qu'elle avance ou qu'elle retarde,
    J'aurai bien ri.

Vive...

Gais compagnons, vivons sans cesse
    Pour le plaisir.
Pourquoi donc prévoir la détresse
    Dans l'avenir ?

Savourons, chantons l'existence
    Dans nos beaux jours.
Vouloir réfléchir, c'est démence ;
    Aimons toujours.

Vive...

Nu je suis venu sur la terre,
    N'est-il pas vrai ?
On a beau dire, on a beau faire,
    Nu partirai.
Egayons ce triste passage,
    O mes amis !
Plus on est fou, plus on est sage.
    Je vous le dis.

Vive...

VOULOIR ET POUVOIR

On nous dit : Vouloir c'est pouvoir ;
Peut-on bien mentir de la sorte !
Disons mieux : On a beau vouloir,
Souvent pouvoir reste à la porte.

Eh ! dis moi donc, aimes-tu le bon vin ?
Que voudrais-tu, Bourgogne ou Chambertin,
Château-Margaud, Laffite ou vin d'Espagne,
Porto, Xérès, Médoc ou bien Champagne ?
— Ah ! de ces vins je voudrais cent tonneaux
Bien alignés au fond de mes caveaux.
— Demande les. — Demander, c'est facile,
Mais pour payer, mon vieux, c'est difficile.

On nous dit :....

Et toi Falstaff, aimes-tu le faisan,
Le dindonneau, la truffe et l'ortolan,

Perdreau mignon, grive et fine bécasse ?
En voudrais-tu ? — Si j'en voudrais, bagasse !
J'en croquerais, c'est mon opinion ;
Non.. je craindrais une indigestion,
N'en parlons plus.. Tu voudrais me séduire ;
Vois-tu, mon bon, cela pourrait me nuire.

On nous dit :....

Ton vieux voisin voudrait bien un enfant.
Qu'en penses-tu ? — Dame, il serait content
Qu'il arrivât ; mais Dieu le lui refuse.
— Allons, farceur! C'est bon, monsieur s'amuse.
Pour prendre femme attendre aussi long-temps !
Ne sais-tu pas qu'il y a bien soixante ans ?
— Oui, je le sais, c'est une triste chose.
— Tant pis pour lui.. Ma foi, qu'il se repose.

On nous dit :....

Te souviens-tu d'avoir eu dix-huit ans ?
— Oui mieux que toi.. Quel souvenir charmant !
Oh ! dix-huit ans, bel âge de la vie,
Où l'on voit tout sans haine et sans envie,
Où le cœur chante un éternel refrain,
Age charmant plein de grâce et d'entrain,
Reviens.. Reviens!! — Allons, tu me fais rire ;
Suspends un peu les accords de ta lyre.

On nous dit :....

Oh ! — Qu'as-tu donc ? Tu me parait souffrir ?
— Au diable va... Tu me feras plaisir.
— Mais cependant. — La goutte et son escorte
Depuis six mois ont passé par ma porte,
Dans ma maison.. Dans mon lit ! Je voudrais
Que le tonnerre... — Allons, vieux, tu pourrais
Te purgeoter un peu.. — Veux-tu te taire !
Va, tu m'ennuies, va te faire lanlaire.

    On nous dit :....

ZUT AU CHOLÉRA

Si le ventre est en bredendouille,
Prenez léger émollient,
Qui doucement ranime et mouille
Vos intestins en mal d'enfant.
Observez une diète austère
Et ne craignez pas de maigrir ;
Ne vous mettez pas en colère,
Vous êtes certain de guérir.

Avoir pieds chauds et ventre libre
Pas d'émotion... Tout bien ira.
C'est le secret que je vous livre
Pour dire zut au choléra.

Si vous redoutez la camarde,
Si vous dites : Je vais mourir,
Mes chers amis, prenez y garde,
Bientôt il faudra déguerpir,

La mort vient frapper à la porte
De ceux qui tremblent pour un rien;
Choléra, le diable t'emporte :
La confiance est mon gardien.

  Avoir...

Eh ! puis, ma foi, de ce vieux monde,
Il nous faut partir, n'est-ce pas ?
Chacun doit filer à la ronde ;
C'est le lot de tous ici bas,
Nargue donc de la maladie,
Nargue de la mort, mes enfants.
Craindre choléra, c'est folie ;
Il faut le prendre en bons vivants.

  Avoir...

MA PIPE

On fume en ce monde
  Souvent ;
Fumons à la ronde
  Gaîment.

Ici bas tout est fumée ;
Fumons donc, ma pipe aimée ;
Ton nuage est odorant.
Par toi plane ma pensée
Loin des soucis envolée,
Et voltige doucement.

  On fume...

Toi seule es bonne et fidèle,
Et quand ma bouche t'appelle,
Tu réponds à mon baiser.
Aimons-nous, ma toute belle...

Vive Dieu... Ton étincelle
M'enivre et me fait rêver...

On fume...

On dit : Rêver c'est folie!
Le rêve est plein d'harmonie
Et bannit peine et chagrin.
Rêvons... Fumons, ma jolie:
Amère et triste est la vie ;
Fumons jusques à demain.

On fume...

Dans le calme et la paresse
Ma pipe berce et caresse ;
Oui... Je veux toujours fumer...
Allons! Ma bonne maîtresse.
Livre à l'air ta blonde tresse
Que j'aime à voir onduler.

On fume...

DOUCEMENT, PÉGASE

Oh ! doucement ! Quoi ! Toujours te cabrer !
Allons, Pégase, un peu de complaisance.
Sois bon enfant... Pourquoi me culbuter ?
Oh ! Bellement !... Pas tant d'impatience.

Au pas... Au pas !... De galoper toujours
On s'essoufle, vois-tu... L'on se met tout en nage.
Chantons piano le vin et les amours ;
Tu le sais bien, mon vieux, tu prends de l'âge,
Un peu de calme et raisonnons tous deux ;
L'homme prudent ménage sa monture ;
Nous ne pouvons toujours grimper aux cieux ;
Il nous faut donc modérer notre allure.

Oh ! doucement !...

Quand d'un seul bond sur toi je m'élançais,
J'étais heureux, nous volions dans l'espace ;

Naseaux ouverts, fumants, tu m'emportais ;
Je te pressais... Et sans demander grâce,
Je me noyais avec toi dans l'azur.
Nous confondions ensemble notre haleine,
L'oiseau chantait et le ciel était pur,
Nous étions forts... Mon âme était sereine.

 Oh ! doucement !...

Le temps passé, hélas ! ne revient plus,
Un peu moins haut accordons notre lyre.
Pourquoi nourrir des regrets surperflus ?
Bah !... Nous pouvons toujours chanter et rire :
Le souvenir est encore du bonheur ;
Souvenons-nous... Rêvons... Rêvons sans cesse,
Nous vieillissons... Non... Jeune est notre cœur,
Chantons, rions et narguons la tristesse.

 Oh ! doucement !...

CIGARETTE ET ÉTUDIANTE.

        Cigarette
        Rondelette,
        Mignonnette,
        Je te tiens.
        Cigarette
        Gentillette,
        Ma coquette,
        Allons, viens.

Viens que j'aspire ta fumée ;
Elle est aussi douce que toi,
Ma cigarette bien aimée,
Rêvons tous deux... Inspire moi ;
Que de choses tu vas me dire
Dans ton nuage caressant !
Voyons... Veux-tu chanter et rire ?
Veux-tu rimer ?... C'est amusant,
        Cigarette...

T'en souviens-tu ? Qu'elle était belle !
Que son babil était mignon !

Elle aimait bien ton étincelle,
Fumait comme un petit dragon,
Oh ! la méchante ! Oh ! la perfide
Qui m'a trompé, ne m'aime plus !
Elle paraissait si timide...
Ma foi.., je m'en moque au surplus.

       Cigarette...

Non, vois-tu, malgré moi j'y pense,
Je la regretterai toujours ;
Oh ! qu'elle était vive à la danse,
Vive aux plaisirs, vive aux amours !
Comme elle sablait le champagne !
Quelle vigueur et quel entrain !
Comme nous battions la campagne
Sans nul souci du lendemain.

       Cigarette...

Reviens... Reviens, belle maîtresse !
Reviens... Nous fumerons tous deux...
Je dénouerai la blonde tresse
De tes longs cheveux amoureux.
Reviens... Nous trinquerons ensemble ;
Je t'aime tant !... Tu m'aimeras...
N'entends-tu pas ma voix qui tremble ?
Oh ! Je le sens... Tu reviendras.

       Cigarette....

PREMIER SOUPIR

Poésie de Mlle Erinn ô Maleix.
Musique de M. Emile de Fontaubert.

Sur la verdoyante colline
Où le rossignol fait son nid,
Où fleurit la douce églantine,
Où frange le blé qui mûrit,
Je suis venue, enfant, sans crainte,
  Souvent,
Seule, entendre gémir la plainte
  Du vent.

Dans la forêt mystérieuse,
Où la nature dit ses chants,
Où je chemine soucieuse,
A l'ombre des pins gémissants.

Je suis venue, enfant, sans crainte,
  Souvent,
Seule, entendre gémir la plainte
  Du vent.

Près du torrent où l'onde blanche
Roule ses flots avec fracas,
Où l'humide rameau qui penche,
Brisé ne se relève pas,
Je suis venue, enfant, sans crainte,
  Souvent,
Seule, entendre gémir la plainte
  Du vent.

Je croyais mon âme intrépide ;
Je croyais mon cœur sans effroi,
Et je sens que je suis timide ;
Je tressaille d'un doux émoi ;
Oh ! Je ne viendrai plus sans crainte,
  Souvent,
Seule, entendre gémir la plainte
  Du vent.

L'ABEILLE.

Où vas-tu, petite abeille ?
Où voles-tu si matin ?
Le monde à peine s'éveille...
— Je vais chercher mon butin
Sur la fleur.... Elle repose...
Mais un rayon de soleil,
De sa corolle mi-close
Interrompra le sommeil,

La fleur commence à sourire...
Elle appelle mon baiser ;
Vois... La nature respire
Et les oiseaux vont chanter.
Le gai papillon voltige
En s'ébattant dans les airs ;
L'arbre balance sa tige ;
Tout renaît dans l'univers.

Petite abeille, bourdonne,
En travaillant jusqu'au soir,
A l'heure où la cloche sonne,
Pour ranimer notre espoir ;
Puis, vole à ta maisonnette,
Pour surveiller tes rayons ;
Et chasser de ta chambrette
Parasites et frelons.

VIENS.

Si tu m'aimais comme je t'aime,
Tu me dirais ce mot si doux ;
Viens... Viens !! De ce bonheur suprême
Les Dieux mêmes seraient jaloux.
Mais ta bouche est froide et sévère...
Hélas !.. Je ne puis te toucher !
Dis-moi : Viens... Toi qui m'es si chère !
Non... Non... Je n'ose l'espérer.

Que ton œil profond et limpide
Un instant se fixe sur moi.
De ce regard, je suis avide ;
Car ton regard, vois-tu, c'est toi ;
Il me transporte et me pénètre ;
C'est un rayon venant des cieux.
Je sens tressaillir tout mon être
Aux feux qui sortent de tes yeux.

L'ai-je entendu ?.. Ta voix murmure
Ce mot qui fait bondir mon cœur...
Viens... Tout sourit dans la nature !
Ah ! je respire avec bonheur.
Ce doux mot sorti de ton âme,
Dans mon âme aussi va vibrer.
Si le même amour nous enflamme,
Je n'ai plus rien à désirer.

LE RUISSEAU.

Petit ruisseau murmure,
Murmure, en serpentant !
J'aime ton onde pure
Que caresse le vent.
Coule... Coule tranquille
A travers le vallon,
Loin des bruits de la ville,
Gazouillant ta chanson.

L'oiseau gaîment ramage
Près de ton clair miroir.
L'arbuste, au vert feuillage,
Se penche pour te voir.
La fine demoiselle,
Au corsage éclatant,
T'effleure de son aile
Et vole en se jouant.

Les fleurs et la verdure
Naissent autour de toi.
Avec toi, la nature
Respire un doux émoi.
Le torrent qui bouillonne
Détruit en mugissant !
Mais la paix t'environne,
Ruisseau frais et charmant.

Dans l'ombre et le silence,
Le regard vers les cieux,
La vois-tu qui s'avance
D'un pas harmonieux ?
Petit ruisseau, c'est elle
Qui chante ton bonheur.
Que cette voix est belle !
C'est qu'elle vient du cœur.

PRINTEMPS

~~~~~~

L'oiseau coquet
Et mignonnet
Chante et voltige,
En se jouant
Et becquetant
Sur chaque tige.

Printemps renaît... Tout rit, tout chante,
L'amour revient avec les fleurs.
La nature est fraîche et charmante
Et répand ses mille senteurs.
Le papillon ouvre ses ailes
Et se berce au gré des zéphirs,
Et les plaintives tourterelles
Roucoulent leurs plus doux soupirs.

L'oiseau...

Aux bois, aux prés, quelle harmonie !
Ecoutez ces divins concerts.
Chaque être dit sa mélodie
Qui se fond dans ces chants divers.
C'est le réveil de la nature ;
Elle bénit son créateur.
Elle a retrouvé sa parure
Et tout respire le bonheur.

  L'oiseau...

Le poil des grands bœufs se colore ;
Le pâtre redit ses chansons.
Chaque matin le soleil dore
Et réjouit monts et vallons.
La fleur, l'insecte et le brin d'herbe,
Tout se réveille et va chanter.
Tout ce qui vit, humble ou superbe,
Palpite en chœur et veut aimer.

  L'oiseau...

SOUVENIR

Mon bel ange adoré, tu me l'as dit : « Je t'aime »,
Ton œil profond et doux s'est arrêté sur moi.
Tu fais bien de m'aimer... Cent fois plus que moi-même,
Je t'aime, vois-tu bien... Bannis un vain effroi.

Je veux t'aimer toujours comme on aime la rose
Qui répand ses parfums et qui charme les yeux,
Tant qu'elle est sur sa tige et que, fraîche et mi-close,
Elle semble sourire en regardant les cieux.

Je veux t''aimer toujours, t'aimer avec mystère,
Mon pauvre cœur souffrait d'une horrible douleur !
Je t'aimais tant, vois-tu, bel ange de la terre,
Que tu devais m'aimer, me donner le bonheur.

A toi, toujours à toi, mon âme et ma pensée,
Va... Ne doute jamais... jamais de mon amour.
Et lorsque tu seras rêveuse et désolée,
Pense à moi qui t'adore et la nuit et le jour

LA FEUILLE MORTE

Feuille éphémère,
Jonche la terre !
Le ciel est noir !
Las !.. Tout est sombre !
Tu meurs dans l'ombre ;
Tu meurs ce soir.

Autrefois, fraîche et pure,
Dans l'air et la verdure
   Tu te baignais.
Sous des flots de lumière,
Ma feuille printanière,
   Tu tressaillais.

   Feuille.:...

Pinson au gai ramage,
Petite fleur sauvage,
　　Tout grâcieux,
Jouissaient de l'ombrage
Du jeune et frais feuillage,
　　Bercés joyeux.

　　Feuille...

Souvent, près du grand chêne,
Retenant ton haleine,
　　Tu vis passer
Une blonde amoureuse
Qui, douce et langoureuse,
　　Venait rêver.

　　Feuille...

Oh ! quelle heureuse vie !
Sans haine et sans envie
　　Tu respirais.
Hélas ! Le vent l'emporte,
Ma pauvre feuille morte,
　　A tout jamais.

　　Feuille...

DRAME, TRAGÉDIE, COMÉDIE, CHANSON

Torches, poisons, poignards, à moi.. Je suis le DRAME,
Victimes, assassins, venez !. Je vous réclame.
Je me plais dans le sang, la folie et l'horreur :
Je massacre et pourfends.. J'y vais de tout mon cœur.

    Moi je suis la CHANSON
    Coquette et gentille ;
    Je porte court jupon
    Et mon œil pétille.

Héros fameux, venez.. Je suis la TRAGÉDIE,
Je chante avec éclat et la mort et la vie.
Je redis du passé les crimes, les vertus,
J'exalte ou je flétris les grands qui ne sont plus.

    Moi...

Je suis la COMÉDIE .. En riant sous mon masque
Fous, intrigants, coquins et prudes je démasque,
Je châtie en jouant l'homme avec ses travers
Et pour me divertir j'ai pour moi l'univers.

    Moi...

LA VALSE

Elle s'élance ardente et folle,
Les yeux brillants comme l'éclair.
Voyez !.. Elle fuit, elle vole...
C'est un sylphe traversant l'air.
Comme un serpent elle déploie
Son beau corps que l'on voit frémir,
Tout en elle est ardeur et joie
Et tout provoque le désir.

Elle éblouit... Elle fascine...
C'est la reine des voluptés,
Son regard de feux s'illumine
Et répand de fauves clartés.
Est-ce un démon ou bien un ange
Venant de l'enfer ou du ciel ?
On trouve chez elle un mélange
De terrestre et d'immatériel.

Tourne.. Tourne.. Plus vite encore !..
Tous les cœurs volent sur tes pas.
Oh ! ma beauté.. Toi que j'adore,
Toi que je presse entre mes bras !
Tout t'appartient, mon cœur, mon âme,
Tout mon être, tout mon amour,
Un torrent de lave m'enflamme...
Ma bacchante, à toi pour toujours.

LE MOINEAU

Piou, Piou,
Piou, Piou, Piou !
Je vole et je chante !
Piou, Piou,
Rou, Piou, Piou !
Le soleil m'enchante.

Je suis le moineau frétillant,
Sautant de branche en branche.
Toujours gai, toujours picorant :
Ma joie est vive et franche.
Que m'importent les beaux atours
  Et le brillant ramage !
Je chante en piaulant mes amours
  Et dans l'air bleu je nage.

Piou...

On me dit voleur, effronté...
Dieu ! quel affreux mensonge !
Oh ! vraiment c'est trop de bonté !
Je souris quand j'y songe.
Il me faut bien boire et manger ?
　　Petit moineau butine.
Si je ne pouvais fourrager,
　　Je ferais triste mine.

　　　　　Piou...

Bah !.. Vous le dites comme moi :
« D'honneur, c'est un bon drille ;
» Il vit sans crainte et sans émoi,
» Il va, revient, sautille. »
L'homme est guindé, raide, apprêté,
　　Rempli d'hypocrisie,
Mais moi... J'aime la liberté
　　Et je m'en rassasie.

　　　　　Piou...

LE JOUR DU MARIAGE

Oh ! le beau jour, mes enfants,
Que celui du mariage !
Avec bonheur on s'engage
Après de bien doux serments.
On s'embrasse, on se bichonne ;
On se dit : chéri !.. mignonne ! !
Oh ! le beau jour, par ma foi !
On est plus content qu'un roi.

   L'œil de gaîté brille
   Et d'amour pétille.
On se regarde en dessous ;
On se dit : bientôt époux,
Entourés d'un doux mystère,
Nous pourrons sans nous gêner,
Nous aimer, nous embrasser,
     Sans maire
     Ni notaire.

Doux amour, brille toujours,
Et que jamais un nuage
Ne vienne dans le ménage
Changer en nuits de beaux jours.
Que chacun de vous, sans cesse,
Auprès de l'autre s'empresse ;
Tous deux, la main dans la main,
Dites-nous ce gai refrain.

  L'œil...

Que le temps, ce vieux jaloux,
Qui s'agite et court sans cesse,
Vous épargne et vous caresse
Et vous ménage ses coups.
Que le bon Dieu vous bénisse,
Que sur vous le malheur glisse.
Puissiez-vous dans cinquante ans
Dire à vos petits enfants :

  L'œil...

LE CHAMPAGNE

Pétille dans mon verre
Aï clair et mousseux.
Va ! qu'un cerveau vulgaire
Te trouve dangereux !
Moi, cher ami, je t'aime,
T'avale avec bonheur ;
Je suis hors de moi-même !
Tu fais bondir mon cœur.

Amis, chantons sans cesse,
    Ric-Rac,
Le vin et la jeunesse.
    Cric-Crac.

C'est par toi que du monde
Sont bannis les ennuis.
Sur la machine ronde
Tu provoques les ris.

Allons, vive la joie,
Bacchus et Cupidon !
De champagne je noie
Et tristesse et raison.

 Amis...

Au fond d'une bouteille,
Tu gémis, mon mignon !
Toi, le fils de la treille,
On te met en prison !!...
Viens que je te délivre...
Un coup de doigt suffit.
Pif ! Paf ! Le voilà libre...
Il s'envole et bondit.

 Amis...

Ah ! coquin !.. De mon verre
Tu voudrais t'échapper !
Non, ton heure dernière,
Ami, vient de sonner.
Vois... Ma lèvre t'appelle,
Vin pur et pétillant ;
Ta divine étincelle
Expire en m'enivrant.

 Amis...

Ah ! débouchons encore !
Bouchons, sautez toujours !
Fêtons jusqu'à l'aurore
Le vin et les amours.
En avant le champagne !
Absorbons, mes enfants !
Et battons la campagne
En vrais Roger-Bontemps.

Amis...

LES BONS LURONS

Nous avons bon estomac,
  C'est bien notre affaire ;
Allons ! humectons le sac
  En vidant le verre.

  Par ma foi, rions,
  Gais et bons lurons,
  Et faisons bombance,
  Trinquons et buvons,
  Aimons et chantons,
  Chantons en cadence.

Soyons toujours sans soucis ;
  A bas la tristesse.
Vive le vin, mes amis,
  Vive la paresse !

  Par ma foi...

Pensons à nous amuser ;
 Au diable la gloire !
Passons le temps à manger
 Surtout à bien boire.

 Par ma foi...

Eh bien ! Au bout du chemin,
 Sans chercher chicane,
Nous ne boirons plus de vin,
 Mais de la tisane.

 Par ma foi.,.

La tisane !! Ah ! c'est mauvais !
 Fermons-lui la porte.
Sois maudite à tout jamais ;
 Le Diable t'emporte !

 Par ma foi...

LA PETITE VILLE

Parler, bavarder, cancaner,
 Pour ne rien dire,
Sur son prochain épiloguer,
 Toujours médire,
Boire et manger à chaque instant,
 Sans nulle envie,
Passer tous les jours en flânant,
 Voilà leur vie.

Pour eux tout est événement
 A médisance.
Quel bonheur ! quel ravissement !
 Dieu ! quelle chance,
Quand, à force de fureter,
 Dans un dédale,
On parvient à s'imaginer
 Un bon scandale.

Qu'ils soient heureux, qu'ils soient contents
 Dans leur malice ;
Qu'ils usent leurs petites dents
 A leur caprice.
Allons donc ! Peut-on s'étonner
 De leur bassesse !
Contentons-nous de mépriser
 Leur petitesse.

L'HOMME IMPORTANT

Astre de la petite ville,
    L'homme important,
A poumons, parole facile,
    Air arrogant.
Il bavarde pendant une heure,
    Sans s'arrêter ;
Mais l'idée en route demeure,
    Il faut l'avouer.

Parler beaucoup pour ne rien dire,
    Voilà son lot.
Le sot le contemple et l'admire
    Et ne dit mot.

N'essayez pas de l'interrompre,
    Ce grand hâbleur ;
Il s'exalte et crie à tout rompre,
    C'est son humeur.

Parler toujours est sa manie...
    Que voulez-vous !
Chacun de nous a sa folie...
    Résignons-nous.

Parler beaucoup...

L'homme d'esprit sourit... écoute
    L'homme important,
Ce braillard qui de rien ne doute,
    En vrai pédant.
Il se dit : C'est un tonneau vide
    Du gros bon sens.
Parler toujours est bien stupide ;
    Ah ! Je le sens !

Parler beaucoup...

L'AMBITIEUX

L'ambitieux.. Le voici.. Prenez garde !
Pour arriver à la gloire, aux honneurs,
Sans sourciller, il trahit.. il poignarde..
Qu'il connaît bien toutes les impudeurs !..
Afin d'atteindre au but qu'il se propose,
Tout doit servir, amis.. indifférents
Malheur.. Malheur à celui qui s'oppose
A ses désirs effrénés, absorbants.

Tous sentiments de vertu, de justice,
Ont de son cœur disparu pour toujours.
Son existence est un long artifice..
L'ambitieux rêve les nuits, les jours,
Par quels moyens il pourra satisfaire
Ses appétits de vanité, d'orgueil,
Flatte les grands, écrase le vulgaire,
Autour de lui fait désespoir et deuil.

Il brisera sans honte et sans souffrance
Qui doit froisser son élévation.
Il faut monter.. A lui la violence
Et les détours pour son ambition.
L'entendez-vous ? « Eh ! que m'importe un père
» Et ses enfants ?.. Que me fait leur douleur ?
» Qu'est-ce pour moi que le cœur d'une mère ?
» J'étouffe tout.. Je suis lâche.. et vainqueur. »

L'HYPOCRITE

Il a l'œil faux, la face blême ;
Il est prudent et cauteleux,
Il est de politesse extrême ;
Il est doucement venimeux.
Il vous embrasse et vous caresse,
Pour mieux vous mordre à belles dents.
Gardez-vous de cette tendresse,
De ces sourires impudents.

Que sa voix est douce et mielleuse !
Que ses gestes sont gracieux !
Qui croirait son âme trompeuse ?
Il vous aime !.. Il vous porte aux cieux !!
Mais en dessous il vous déchire ;
Il n'a nul sentiment d'honneur.
La haine en son cœur respire,
Il fait le mal avec bonheur.

Jamais il ne regarde en face ;
C'est que les yeux sont un miroir,
Défiez-vous de l'homme qui passe,
Dont l'œil oblique pour vous voir.
Cet homme-là, c'est l'hypocrite ;
Voyez son teint bilieux, blafard,
Il est le trompeur émérite,
Mais se trahit par son regard.

TABLE DES MATIÈRES.

	PAGES
Au Lecteur	1
Dieu	13
France et Pologne	15
La Mort et la Vie	17
Le Sauveteur	19
Jeanne d'Arc	22
La Terre	25
Le Mot de Waterloo	27
La Femme	29
Aux Athées	31
La Pieuvre	33
Le Ver	35
Cataclysme	37
Le Juif-Errant	38
L'Espérance	40
Le Jeu	43
Tout et Rien	45
Hop !	47

	Pages.
L'Echafaud	49
Haine	50
Jean qui pleure et Jean qui rit	54
Le Prodigue	55
Vouloir et Pouvoir	57
Zut au choléra	60
Ma Pipe	62
Doucement, Pégase	64
Cigarette et Etudiante	66
Premier Soupir	68
L'Abeille	70
Viens	71
Le Ruisseau	72
Printemps	74
Souvenir	76
La Feuille morte	77
Drame. — Tragédie. — Comédie. — Chanson	79
La Valse	80
Le Moineau	81
Le Jour du Mariage	83
Le Champagne	85
Les bons Lurons	88
La Petite Ville	90
L'Homme important	91
L'Ambitieux	93
L'Hypocrite	95

Limoges, imp. Ve M. Ducourtieux, rue des Arènes, 7.

www.ingramcontent.com/pod-product-compliance
Lightning Source LLC
Chambersburg PA
CBHW070317100426
42743CB00011B/2457